von: ....

für: ....

Mit Bildern lesen lernen!

Liebe Eltern,

Bilder sind viel einfacher zu lesen als Wörter und Sätze. Wenn in einer Geschichte Wörter durch Bilder ersetzt sind, werden gerade Leseanfänger leichter zum Anschauen und Lesen verlockt.

Ein schönes Lesespiel: Sie lesen den Text, Ihr Kind sagt jeweils das Wort für das Bild – und lernt dabei etwas ganz Wichtiges: Lesen heißt immer auch überlegen, was als nächstes Wort folgen könnte.

Aber auch für Kinder, die schon alleine lesen wollen, sind die übersichtlich gegliederten Geschichten eine geeignete Herausforderung. Die eingestreuten Bilder helfen beim Lesen. Und auf den Suchbildern am Ende jeder Geschichte finden die Kinder eine spielerische Auflösung: die im Text verwendeten Bilder und die dazugehörigen Begriffe.

Prof. Dr. Manfred Wespel,
lesedidaktischer Berater des
KÄNGURU-Programms

Dagmar Geisler

Kunterbunte Räubergeschichten

arsEdition

Die Deutsche Bibliothek – CIP-Einheitsaufnahme

Geisler, Dagmar:
Kunterbunte Räubergeschichten / Dagmar Geisler. – München : Ars-Ed., 2000
    (Känguru : Mit Bildern lesen lernen)
    ISBN 3-7607-3824-9

Lesedidaktische Beratung: Prof. Dr. Manfred Wespel

Gedruckt auf umweltfreundlichem Papier ohne Chlorbleiche

© 2000 by arsEdition, München
Alle Rechte vorbehalten
Ausstattung und Herstellung: arsEdition, München
Titelbild und Innenillustrationen: Dagmar Geisler
Titelvignette: Carola Holland
Einbandkonzeption: Ralph Bittner
Druck und Bindung: Westermann Druck Zwickau GmbH
Printed in Germany · ISBN 3-7607-3824-9

Inhalt

Das große Los

Der kleine  sitzt

traurig vor seiner  .

Er hat heute noch nichts geraubt.

Die  fürchten sich einfach nicht

vor einem kleinen  .

Da kommt der große  vorbei.

Er schleppt eine große  .

„Was ist denn da drin?",

fragt der kleine  neugierig.

„ !", prahlt der große .

Der kleine  seufzt:

„Gemein! Und ich erwische nie was."

„Das ist nur gerecht",

meint der große  und grinst.

„Großer , großer ,

kleiner , gar kein . Haha!"

Dann nimmt er ein winziges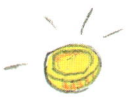

aus seiner  und wirft es

dem kleinen  vor die 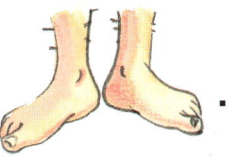 .

„Für dich", lacht er hämisch.

„Kauf dir ein paar 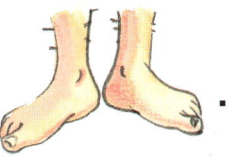 dafür!"

Der kleine  ärgert sich viereckig.

Wütend stampft er durch den ,

tritt gegen  und große .

„Autsch! Mein 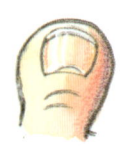!", brüllt er.

Jetzt müsste Leni  da sein,

seine Freundin, die könnte ihn trösten.

 arbeitet in einer

in der  .

Der kleine  macht sich

gleich auf den  zu ihr.

 freut sich, dass er kommt,

und der kleine  erzählt ihr alles.

„Kauf dir doch ein  für das  ",

sagt sie. „Vielleicht hast du Glück."

Das macht der kleine  .

 darf das öffnen.

„Du Glücks-!", ruft sie.

„Du hast das große  gezogen!"

 und der kleine  jubeln

und tanzen um die  herum.

Dann laden sie den

auf eine  und ziehen los.

Im  treffen sie

den großen  .

Erstaunt reißt er die   auf.

„Das ist nur gerecht",

lacht der kleine .

„Großer , großer ,

kleiner , Doppel-!"

Dann nimmt er  in den .

„Mein größter  bist natürlich du."

Losbude

Bonbons

Kiste

Arm

Räuber

Steine

Leute

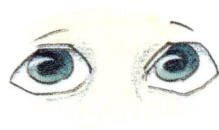

Augen

Schubkarre

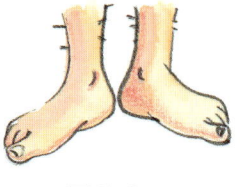

Füße

Schatz

Baumstümpfe

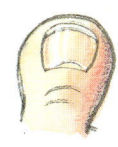
Zeh

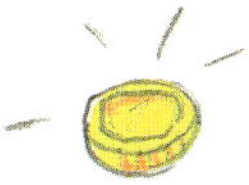

Goldstück

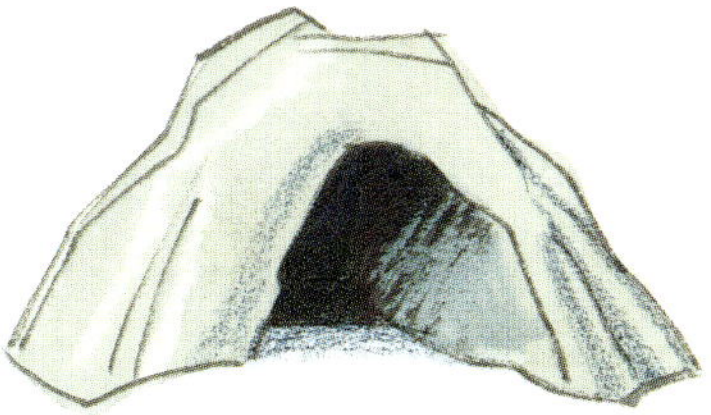

Höhle

Leni

Räuber

Pilz

Stadt

Los

Wald

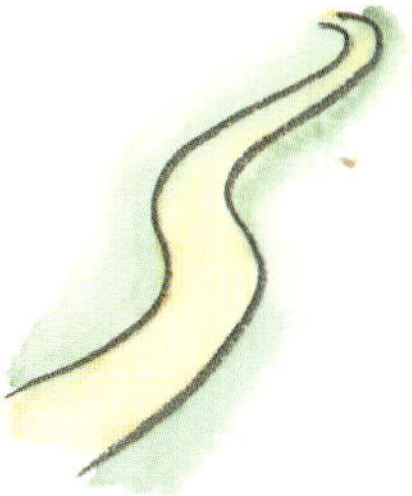

Weg

Ein glitschiges Ungeheuer

Im 🌲 wohnen 3 wilde 👹.

Dicht am 🌲 steht das 🏠

von Tante Olga 👵.

👵 wohnt dort mit ihrem 🐕,

ihrer 🐈 und ihrem 🐟.

Der 🐟 heißt Gottfried

und wird von allen gefüttert.

 und  bewachen das .

 fühlt sich sehr sicher.

Doch in einer dunklen Nacht

schleichen die  aus dem .

Sie wollen ins ,

den  von  stehlen.

Für den  haben die Räuber

eine leckere  dabei,

für die  eine  .

 und geben keinen Mucks.

Zufrieden klettern die

über den  . Es ist ganz still.

liegt im und schläft.

Ihr liegt auf dem .

Leise steigt der erste

zum herein.

„Was soll ich nur tun?",

denkt  ängstlich.

„Zu dumm, dass ich den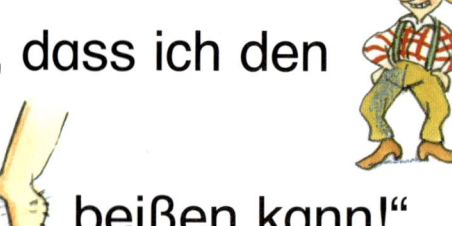

nicht ins  beißen kann!"

Immer näher kommt der .

 ist ganz verzweifelt.

Er hopst aus dem ,

dem  mitten auf die 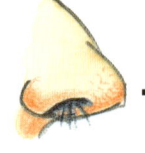.

Es spritzt nur so.

„Aaaah!", brüllt der

und schüttelt sich.

Da flutscht ihm  ins  hinein

und durch die  wieder heraus.

„Nichts wie weg!", japst der .

„Hier wohnt ein glitschiges  !"

Die  rennen davon,

als sei der  hinter ihnen her.

Nun ist  wach.

Schnell krabbelt sie aus dem

und setzt  wieder in sein  .

„Wenn ich dich nicht hätte!",

sagt  zärtlich.

Und  und  fangen

ein paar extradicke  für  .

Hemd

Glas

Wurst

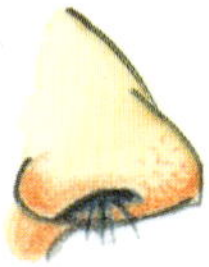

Nase

Teufel

Fenster

Hose

Ungeheuer

Katze

Wald

Hund

Gottfried

Fliegen

Nachttisch

Schmuck

Dose

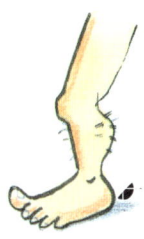

Bein

Bett

Räuber

Zaun

Haus

Tante Olga

So ein langer Bart

Der Räuber Rufus

hat einen dichten, langen .

„Dein  ist zu lang!",

sagen die anderen .

30

„Schleif endlich dein ,

damit wir ihn dir schneiden können!"

 brummt etwas.

„Hä?", fragen die .

„Gribimfzl", sagt .

Die  murren: „Der  ist

zu dick – wir verstehen dich nicht!"

Aber  lacht nur, nimmt

und  und geht rauben.

Zuerst geht er zur  .

„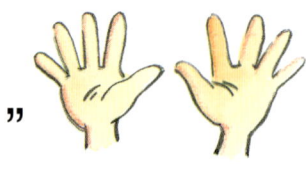 hoch!“, brüllt  .

„Ja, unsere  sind hoch“,

sagt die  hinter dem 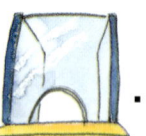 .

„Ich bin ein wilder  !“, schreit  .

„Du willst hier  säubern?“

 schreit noch lauter:

„Ich steck dich in den !"

„Du wünschst dir einen ?",

fragt die  verwirrt.

„Ich glaube, ich versteh dich nicht.

Lass dir mal den  schneiden!"

Wütend geht  weiter zum  .

„Her mit 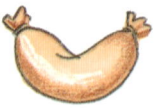 und  !", ruft er.

„Au ja!", sagt der  .

„Ich möchte auch was trinken."

 droht:

„Ich werde dich erschießen!"

„Klar, ich kann den  schließen",

sagt der  freundlich.

„Dann gehen wir beide ein  trinken."

Das  schmeckt gut und

 und der  freunden sich an.

„Was meinst du", sagt der ,

„soll ich dir mal den  schneiden?"

„Wieso denn?", fragt .

„Wir verstehen uns doch gut!"

„Klar", sagt der ,

„aber mit einem kurzen

würde ich dich noch besser verstehen."

„Na gut", brummt .

Von nun an hilft er dem

manchmal beim -machen und

der  schneidet  jede Woche

mit seinem scharfen  den .

Räuber

Messer

Frau

Bier

Sack

Metzger

Bilder

Wurst

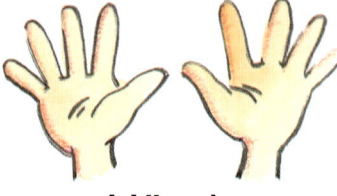

Hände

Schinken

Pistole

Post

Rufus

Schalter

Frack

Wände

Bart

Laden

Berta und Klotilde

Berta  und Klotilde sind

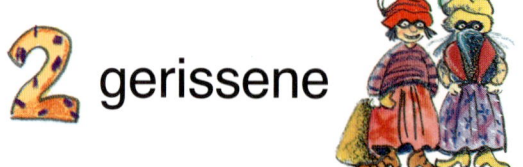 gerissene .

Beide haben riesengroße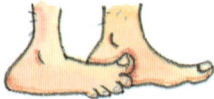

und tragen lange, altmodische  .

Darunter verstecken sie alles,

was sie geraubt haben.

Gerade haben sie beim

eine leckere   geraubt,

dazu den allerbesten

und einen fetten  vom  .

Der  brüllt:

„Wer hat meinen 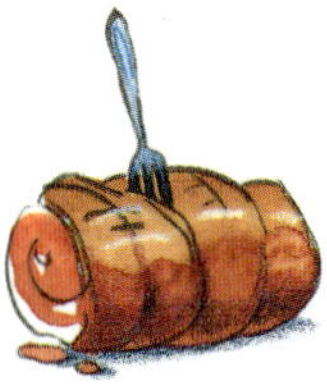  geklaut?"

Und der  kreischt:

„Meine  ist weg!"

Sofort kommt der  und

untersucht das

und die  .

„Das waren   ", sagt er,

„und sie haben riesengroße 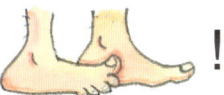 !

Überall sind ihre  ."

Kreuz und quer folgt der

den

und alle  laufen hinterher.

43

 und  sitzen

auf einer  und häkeln 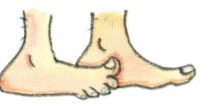 .

Ihre riesengroßen  sind

unter den  versteckt.

„Meine  ", sagt der  ,

„haben Sie  gesehen?

  mit riesengroßen 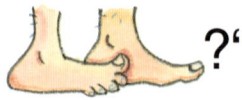 ?"

„Ja", sagt

und klimpert mit den   .

„Sie sind da runtergelaufen",

haucht  und zeigt zum   .

Noch lange suchen der

und alle  die

mit den riesengroßen 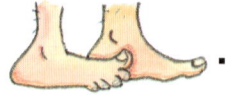 .

Aber sie finden sie nicht.

Abends, als der  scheint,

gibt es bei und

fetten , den allerbesten

und leckere . Hmmm!

Bäckerei

Berta

Bank

Klotilde

Wein

Röcke

Bäcker

Räuberinnen

Markt

Augen

Räuber

Torte

Mond

Socken

Wirtshaus

Wirt

Damen

Polizist

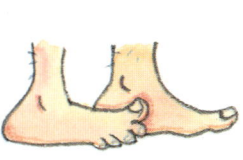

Füße

Fußspuren

Braten

Leute

Hände hoch!

Missmutig streift der Räuber

Wenzel  durch die .

Hoffentlich kann er heute

endlich mal etwas  erbeuten!

Die anderen  im

lachen ihn schon aus.

Im  sieht  eine alte  ,

die auf einer  sitzt.

Die  hat sie neben sich

auf den 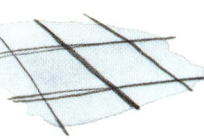 gestellt.

Die  könnte er doch rauben!

 schleicht sich an.

Er ergreift die ,

er hebt sie hoch – und ...

„Oh, danke!", lächelt die alte .

„Nett, dass du meine  aufhebst.

Ich kann mich so schwer bücken

mit meinen alten 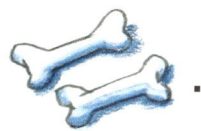 ."

„G-g-gern geschehen",

stottert  verdattert.

„Jetzt versuche ich es beim  ",

denkt er.

„Dem stehle ich sein ganzes  ."

Durch das

beobachtet er den  .

Der  scheint etwas zu suchen.

Er guckt unter die  ,

ins  und zwischen die 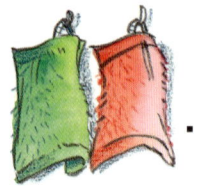 .

 stößt die auf.

„  hoch!", schreit er.

Der  reckt die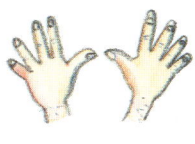

ganz hoch ans ![Regal] .

„Ach, da oben ist meine  !

Woher wusstest du das?

Dafür schneide ich dir

umsonst den  ."

Sofort holt er  ,

und einen großen blauen  .

 seufzt.

Er setzt sich in einen ,

schließt die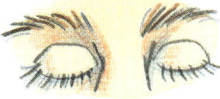

und lässt sich einseifen.

„Aber morgen raube ich die  aus.

Ganz bestimmt!"

Stadt

Knochen

Geld

Rasierpinsel

Bart

Frau

Wenzel

Bank

Umhang

Hände

Räuber

Bank

Handtasche

Park

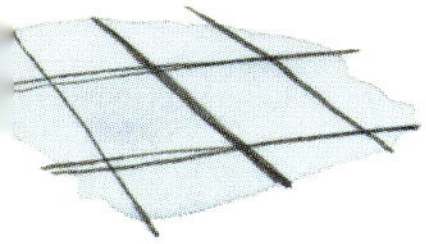

Boden

Augen

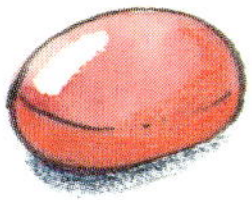

Seife

Brille

Wald

Sessel

Handtuch

Tür

Frisör

Waschbecken

Regal

Schaufenster

Zeitung

KÄNGURU Lesestufen-Modell

So macht Lesenlernen richtig Spaß – mit
Büchern, die auf die unterschiedlichen
Lernphasen zugeschnitten sind:
4 Lernschritte, 4 Buch-Reihen.

»Kinder werden dann zu begeisterten Lesern,
wenn Buch und Leseentwicklung
zusammenpassen.«

*Prof. Dr. Manfred Wespel, lesedidaktischer Berater
des KÄNGURU-Programms*

»Bildergeschichten zum Lesenlernen«

2. Lesestufe ab 6 Jahre

- eine abgeschlossene
  Geschichte in Bildern
- lustige und abenteuerliche
  Handlung
- großes Format
- gut lesbare Fibelschrift

»Mit Bildern lesen lernen«

1. Lesestufe ab 5 Jahre

- kurze lustige Geschichten
  mit einfachem Text
- Bilder ersetzen Hauptwörter
- sehr große Fibelschrift
- fünf doppelseitige Suchbilder

»Leseabenteuer in Farbe«

4. Lesestufe ab 8 Jahre

- jeweils eine längere spannende Geschichte
- viele farbige Illustrationen
- große, leicht lesbare Fibelschrift

»Erste Geschichten zum Selberlesen«

3. Lesestufe ab 7 Jahre

- mehrere kurze Geschichten zu einem Thema
- klare Textgliederung als Lesehilfe
- große Fibelschrift
- viele farbige Illustrationen

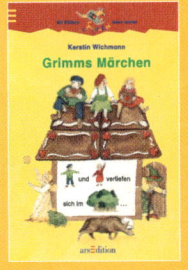